سے ، تصاویر رنگین ان سمیت اور باغات حسی اور نباتیات ، میں پارک مجسمے ، d'eau جیٹ لی مشہور لیا سے سفر میں کشتی ایک پر جنیوا جھیل میں حالت کی پر چھٹی ہے جاتا ٹوٹ مختصر بجٹ ایک اندوز لطف ہے.

" جنیوا کی شاندار پارک - 50 سے زائد پارکوں اور باغات شہر کی آکسیجن ٹینک کے طور پر کام . میں جنیوا ، ہیں گاہیں پناہ حقیقی کے امن پارکوں واقع ساتھ ساتھ کے گڑھ parc des اور lakeshore آپ کو ایک پارک کے تقریبا ہر کونے کے ارد گرد آرام کرنے کے لئے ایک باغ تلاش! "

اور ہیں مشترک راز سے بہت " ، کمرے کے اتحاد اور حقوق انسانی لئے کے تہذیبوں " تحت کے گنبد کے کی جنیوا آزادی اور امن کو آپ ، ' چیئر ہوئے ٹوٹے ' کھڑے میں سامنے کے یادگار ، پر متحدہ ڈیس جگہ . جاتی کی نصیحت کی شراکت

سے سب کی صدی 21st کی آرٹ یہ تصویر کی اس . ہے کھڑا پر ٹانگوں تین صرف ' چیئر ہوئے ٹوٹے ' ' چیئر ہوئے ٹوٹے ' . ہے کیا سفر پر کونوں 4 تمام کے دنیا بنا ایک سے میں کام emblematic زیادہ کے اس . تھا گیا بنایا میں ء 1997 کے انٹرنیشنل معذور او جی این یہ . ہے کام کا Berset ڈینیل مورتکار ، ہوں کرتا درخواست سے حکومت کی آپ کے دینے فروغ کو پابندی پر سرنگوں بارودی :ہے سادہ بہت پیغام ٹانگوں تین چیئر ہوئے ٹوٹے ، لئے کے کرنے وضاحت کی لڑائی اس . یاد کی متاثرین کے سرنگوں بارودی کھڑا ساتھ کے فخر پر اونچائی کی میٹر 12 چیئر . ہے رہا جا کیا splintered راستے آدھے چوتھی ، پر . " دوروں ہدایت ، کوارٹر ہیڈ یورپی کے متحدہ اقوام : قریبی . ہے فضا کی وقار اور ہے

مائشٹھیت زیادہ سے سب کے watchmakers ماسٹر کی برانڈ میوزیم فلپ Patek ، قائم میں 2001 ایک لئے کے ، صدی 19th پیدا میں یورپ اور سوئٹزرلینڈ ، جنیوا سے 16th بھی زائرین . نمائش تخلیقات . ہیں سکتے کر تعریف کے miniatures تامچینی اور آٹومیٹا موسیقی ، مجموعہ معمولی غیر کے گھڑیاں " .ہے واقع لائبریری ایک وقف پر طور مکمل مضامین متعلقہ کے اس اور horology بھی میوزیم

دنیا تمام . ہے emblematic زیادہ سے سب سے میں علامتوں کی جنیوا d'eau جیٹ بلند میٹر 140 " جارڈن بند . آئے لئے کے کرنے تعریف کی طاقت اور خوبصورتی کی تاریخی منفرد اس زائرین سے بھر کو پل بلانک مونٹ . گا جائے مل کو علامت کی صنعت واچ کی جنیوا ، گھڑی پھول کو آپ لئے کے انگریزی تک کنارے دائیں کے جھیل جہاں سازشوں وزیٹر ایک کئی یادگار برنسوک صدی 19th آپ ، کرنے پار کے پہنچنے . (" منظوریاں Geneve Tourisme)

1

2

3

6

6i

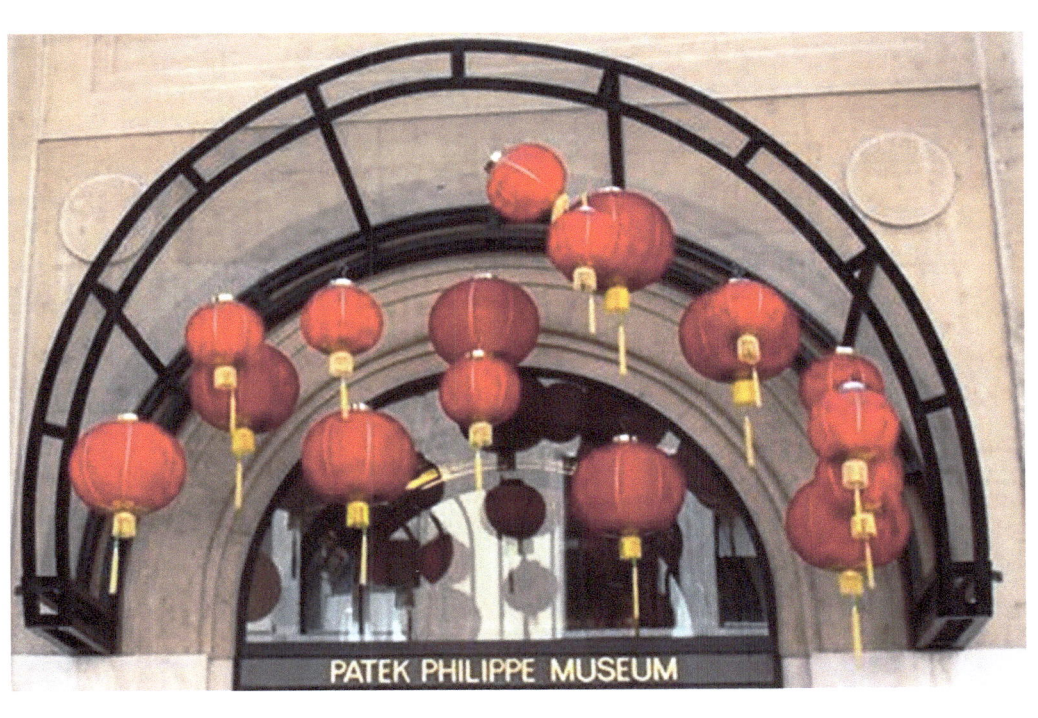

PATEK PHILIPPE MUSEUM

8

9

10

11

13

14

15

16

17

18

19

20

21

22

23

24

25

سرخیاں

1 D'eau جیٹ لی ، جنیوا جھیل ، سوئٹزرلینڈ 2000

2 جنیوا کی شاندار پارک - 50 سے زائد پارکوں اور باغات شہر کی آکسیجن ٹینک کے طور پر کام .

3 Palais ڈیس متحدہ ، جنیوا کی علامت ، امن کے دارالحکومت - اقوام متحدہ کے یورپی ہیڈ کوارٹر دنیا

سفارت کاری کے مرکز بن گئے ہیں .

4 بند کریں اپ ، جیٹ لی D'eau ، جنیوا جھیل ، سوئٹزرلینڈ 2000

5 کے قریب یوتھ ہاسٹل ، جنیوا جھیل ، سوئٹزرلینڈ 2000

6 ، 6i امن کی علامت - وشال ' ٹوٹے ہوئے چیئر ، لکڑی میں آرٹ کی ایک کام ، بارودی سرنگوں کے

خلاف مہم کی علامت ہے .

7 watchmaking کے پانچ صدیوں کے ذریعے ایک سفر - Patek فلپ میوزیم Plainpalais ضلع کے

دل میں واقع ہے .

8 حسی گارڈن ، باغ وانسپتیک ، جنیوا جھیل ، سوئٹزرلینڈ 2000

9 پارک ، جنیوا جھیل ، سوئٹزرلینڈ میں 2000 میں جسمے

10 پارک ، جنیوا جھیل ، سوئٹزرلینڈ میں 2000 میں مجسمے

11 پارک ، جنیوا جھیل ، سوئٹزرلینڈ میں 2000 میں مجسمے

12 پارک ، جنیوا جھیل ، سوئٹزرلینڈ میں 2000 میں مجسمے

13 ایک کشتی میں سفر ، جنیوا جھیل ، سوئٹزرلینڈ ، 2000 کو چھوڑنے کے لئے تیار ہو رہی

14 کشتی میں سفر جھیل جنیوا سوئٹزرلینڈ ، 2000

15 کشتی میں سفر جھیل جنیوا سوئٹزرلینڈ ، 2000

16 کشتی میں سفر جھیل جنیوا سوئٹزرلینڈ ، 2000

17 کشتی میں سفر جھیل جنیوا سوئٹزرلینڈ ، 2000

18 یودقا تاریخی ، جھیل جنیوا پارک ، سوئٹزرلینڈ کے مجسمہ

19 گھڑ کانسی ، جھیل جنیوا سوئٹزرلینڈ میں 2000 کے مجسمہ

20 زندگی کے مجسمے کی جدوجہد، جھیل جنیوا ، سوئٹزرلینڈ 2000

21 شادی میں پارک ، ماؤنٹ . بلانک ، جنیوا ، سوئٹزرلینڈ 2000

22 Bunk بستر ، جنیوا ، Auberg De Jeunesse ، سوئٹزرلینڈ

23 Caged کی جنگلات، زندگی جارڈن Botanique De La Ville De Geneve ، سوئٹزرلینڈ

24 Caged کی جنگلات، زندگی جارڈن Botanique De La Ville De Geneve ، سوئٹزرلینڈ

25 میوزیم ، جارڈن Botanique De La Ville De Geneve ، سوئٹزرلینڈ 2000

www.ingramcontent.com/pod-product-compliance
Lightning Source LLC
Chambersburg PA
CBHW050924290526
45792CB00002B/870
* 9 7 8 1 4 9 5 2 7 4 8 4 8 *